LOS ESTADOS MENTALES

SIENTO CONFIANZA

POR STEPHANIE FINNE

BLUE OWL
EN ESPAÑOL

TIPS PARA LOS MAESTROS Y LOS PADRES DE FAMILIA

El aprendizaje social y emocional (SEL, por sus siglas en inglés) les ayuda a los niños a manejar sus emociones, crear y lograr metas, conservar relaciones, aprender cómo sentir empatía y tomar buenas decisiones. El abordaje de SEL ayudará a que los niños establezcan hábitos positivos en la comunicación, cooperación y en la toma de decisiones. Mediante la incorporación de SEL en la lectura temprana, los niños estarán mejor equipados para desarrollar y fortalecer la confianza en ellos mismos y fomentar redes sociales positivas con sus compañeros.

ANTES DE LA LECTURA

Hable con el lector o la lectora acerca de la confianza. Explíquele que la confianza viene de dentro.

Analicen: ¿Qué se siente cuando sientes confianza? ¿Qué te ayuda a sentir confianza?

DESPUÉS DE LA LECTURA

Hable con el lector o la lectora acerca de la confianza y la autoconsciencia.

Analicen: ¿Cuáles son algunas de las cosas que haces bien? ¿Cómo te sientes al hacer estas cosas? ¿Cuáles metas pequeñas puedes proponerte y lograr para ayudarte a fortalecer tu confianza?

LA META SEL

Puede que algunos estudiantes batallen con la confianza en sí mismos. Quizá no sean capaces de ver sus propias fortalezas. Ayude a los lectores a desarrollar un vocabulario para expresar sus sentimientos. Ayúdeles a aprender a detenerse y pensar acerca de las cosas que hacen bien y cómo los hace sentir reflexionar sobre ellas. Ayude a que desarrollen y fortalezcan la confianza en ellos mismos mediante el reconocimiento de sus logros y su trabajo arduo.

TABLA DE CONTENIDO

CAPÍTULO 1

LA CONFIANZA ES CLAVE

¿Puedes recordar algún momento en que hayas sentido orgullo? Quizá fue esa vez en que alcanzaste la meta final en un juego de béisbol. O pudiera ser cuando obtuviste una calificación perfecta en una prueba. Tus talentos te hicieron sentir bien. ¡Sabías que podías hacer cualquier cosa si lo intentabas!

Sentir **confianza** es creer en tus propias habilidades. Cuando sientes confianza, ves las cosas buenas que puedes hacer. Confías en tus propios talentos.

Cuando sentimos confianza, nos sentimos cómodos al hablar con los demás. Nos sentimos cómodos cuando nos escuchan. ¿Has visto a amigos o compañeros que demuestran confianza? ¿Cómo hablan y actúan ellos?

Meg se siente cómoda cuando habla frente al salón de clases. ¿Cómo lo sabemos? Ella hace contacto visual. Sonríe. Usa **gestos**.

La confianza se nota en nuestro **lenguaje corporal**. Nos ayuda a algunos de nosotros a caminar rectos y con orgullo. Nos ayuda a algunos de nosotros a decir lo que pensamos y mirar a los demás cuando lo hacemos.

¡PRUÉBALO!

Prueba tu lenguaje corporal de confianza. Párate recto o recta con los hombros hacia atrás. Mantén la cabeza en alto. ¡Incluso puedes intentar pararte como un superhéroe o una superheroína! Párate con los pies separados y con las manos en las caderas. ¿Cómo te sientes?

CAPÍTULO 2

CÓMO DESARROLLAR LA CONFIANZA

La confianza ayuda a fortalecer el **valor** para probar nuevas cosas. También te ayuda a aceptar los errores. Cuando sientes confianza, sabes que puedes hacer lo que sea si te esfuerzas. A Mark le tomó toda la temporada aprender a tirarse de cabeza. ¡Ahora lo hace todo el tiempo!

¡Mark está listo para tirarse de cabeza del trampolín! Él confía en él mismo. Sabe que eso puede dar miedo, pero él ha estado practicando. ¡Él puede lograrlo!

Una manera de fortalecer la confianza es logrando **metas**. Ester quiere aprender a construir un robot ella misma. Ella escribe su meta. Hace una lista de los pasos que necesita tomar para alcanzarla. Luego, empieza a trabajar en ellos uno a la vez.

¿Cuál es una de las metas que deseas alcanzar? Empieza a trabajar en tus pasos. Seguramente habrá **contratiempos**. ¡ESTÁ BIEN! Lograr una meta requiere esfuerzo. ¡Esfuérzate mucho! No te rindas cuando las cosas se pongan difíciles. A esto se le llama **perseverancia**.

HABLA CON CONFIANZA

Puede que dudes de tus habilidades, especialmente si crees en el **diálogo interno negativo**. Esto puede sonar como: "Esto es demasiado difícil". Quizá te digas que no puedes lograrlo. Si eso pasa, ¡piensa de manera positiva! Dite: "¡Esto es difícil, pero yo puedo lograrlo!".

CAPÍTULO 3

COMPARTE CONFIANZA

A veces, compartir tus metas ayuda. Habla con tus amigos acerca de lo que quieres hacer. Pregúntales cuáles son sus metas. Celebra cuando logras tus metas. Esto va a ayudarte a tener más confianza.

Piensa en cómo puedes hacer las cosas que haces muy bien todos los días. Ayuda a tus amigos o compañeros a encontrar las cosas que ellos hacen bien. Siempre puedes esforzarte por desarrollar tu confianza.

Maya y Tammy quieren compartir confianza con su **comunidad**. Ellas ayudan a limpiar la playa. Hacer cosas que demuestran amabilidad nos hace sentir bien. Ellas ven cómo su trabajo ayuda. Es otra manera de compartir la confianza en el mundo.

Cuando sientes confianza, te sientes bien. Tienes ganas de ayudar a los demás a que también se sientan bien. ¡Tú puedes compartir confianza! ¿Cómo lo harás?

CREE EN TUS HABILIDADES

Cierra los ojos. Respira profundamente. Imagínate haciendo algo que te hace sentir nerviosismo. Date cuenta de cuánto orgullo sientes después que lo has terminado de hacer. Esto te ayuda a fortalecer la confianza. ¡Tú puedes lograrlo!

METAS Y HERRAMIENTAS

CRECE CON LAS METAS

La confianza es algo que se desarrolla. ¡Prueba estas metas para ayudarte a fortalecer tu confianza!

Meta: ¡Haz una lista de las cosas que haces bien! Estas son tus fortalezas. Saber cuáles son tus fortalezas puede ayudarte a sentir confianza.

Meta: ¡Sueña en grande! Haz una lista de las metas que quieres lograr. Anótalas al lado de los pasos que necesitas tomar para lograr esas metas.

Meta: ¡Trata de hacer una escalera de metas! Dibuja la imagen de una escalera con escalones. Anota tu meta en el escalón superior. Empieza con el escalón de abajo y ve subiendo, mientras escribes los pasos que necesitas tomar para alcanzar tu meta.

¡PRUEBA ESTO!

Parte de sentir confianza viene al identificar nuestras emociones. Trata de usar historias para identificar tus sentimientos.

1. Piensa en el personaje de un libro que tuvo miedo de probar algo nuevo, pero que tuvo el valor y la confianza suficientes para enfrentar el desafío.
2. ¿Alguna vez has tenido los mismos sentimientos del personaje?
3. Anota o dibuja cómo manejaste los mismos sentimientos.
4. Analiza tu dibujo con un padre de familia, con un maestro o una maestra. Muéstrale el dibujo y habla acerca de cómo te sentiste.

GLOSARIO

comunidad
Un grupo de personas que tienen todas algo en común.

confianza
Seguridad propia y una fuerte creencia en las propias habilidades.

contratiempos
Problemas que te atrasan o que te impiden progresar.

diálogo interno negativo
Palabras o pensamientos que te dices y que te hacen dudar de ti o de tus habilidades, y los cuales limitan la habilidad que tienes para creer en tus talentos.

gestos
Acciones que demuestran sentimientos.

lenguaje corporal
Los gestos, movimientos y manierismos a través de los cuales la gente se comunica con los demás.

metas
Cosas que te propones hacer.

perseverancia
Persistencia al hacer o tratar de hacer algo, aun si te cuesta.

valor
Valentía o la habilidad de hacer algo que te da miedo.

PARA APRENDER MÁS

FACT SURFER

Aprender más es tan fácil como contar de 1 a 3.

1. Visita www.factsurfer.com
2. Escribe "**Sientoconfianza**" en la caja de búsqueda.
3. Elige tu libro para ver una lista de sitios web.

ÍNDICE

Blue Owl Books are published by Jump!, 5357 Penn Avenue South, Minneapolis, MN 55419, www.jumplibrary.com

Library of Congress Cataloging-in-Publication Data

Names: Finne, Stephanie, author.
Title: Siento confianza / por Stephanie Finne.
Other titles: I feel confident. Spanish
Description: Minneapolis: Jump!, Inc., [2021] | Series: Los estados mentales
Includes index. | Audience: Grades 2–3
Identifiers: LCCN 2020020985 (print)
LCCN 2020020986 (ebook)
ISBN 9781645276944 (hardcover)
ISBN 9781645276951 (paperback)
ISBN 9781645276968 (ebook)
Subjects: LCSH: Emotions in children–Juvenile literature.
Confidence in children–Juvenile literature. | Affective education–Juvenile literature.
Classification: LCC BF723.E6 F5618 2021 (print)
LCC BF723.E6 (ebook) | DDC 155.4/124–dc23

Editor: Jenna Gleisner
Designer: Molly Ballanger
Translator: Annette Granat

Photo Credits: Luis Molinero/Shutterstock, cover; JBryson/iStock, 1; Donna Ellen Coleman/Shutterstock, 3; Jupiterimages/Getty, 4; ziggy_mars/Shutterstock, 5; Ariel Skelley/Getty, 6–7; JGI/Jamie Grill/Getty, 8–9; FamVeld/Shutterstock, 10, 11; Georgijevic/iStock, 12–13; p_ponomareva/Shutterstock, 14–15; loco75/iStock, 16; fstop123/iStock, 17; SolStock/iStock, 18–19; praetorianphoto/iStock, 20–21.

Printed in the United States of America at Corporate Graphics in North Mankato, Minnesota.